漫画版

孩子超喜欢的 **1000** 个 奇思妙想

问东问西小百科

于秉正　主编

北京出版集团
北京少年儿童出版社

图书在版编目（CIP）数据

问东问西小百科 ／ 于秉正主编. — 北京：北京少年儿童出版社，2023.3
（漫画版孩子超喜欢的1000个奇思妙想）
ISBN 978-7-5301-6563-8

Ⅰ．①问… Ⅱ．①于… Ⅲ．①科学知识—少儿读物 Ⅳ．①Z228.1

中国国家版本馆 CIP 数据核字（2023）第038402号

漫画版孩子超喜欢的1000个奇思妙想
问东问西小百科
WENDONG-WENXI XIAOBAIKE
于秉正　主编

*

北 京 出 版 集 团　出版
北 京 少 年 儿 童 出 版 社
（北京北三环中路6号）
邮政编码：100120
网　　址：www．bph．com．cn
北 京 少 年 儿 童 出 版 社 发 行
新 华 书 店 经 销
三河市天润建兴印务有限公司印刷

*

787 毫米×1092 毫米　16 开本　8 印张　80 千字
2023 年 3 月第 1 版　　2023 年 10 月第 4 次印刷
ISBN 978－7－5301－6563－8
定价：28.80 元
如有印装质量问题，由本社负责调换
质量监督电话：010－58572171

目录

1

4

隔着瓶子能吹蜡烛吗?

马蹄为何要穿上"鞋"?

海水为什么不易结冰?

能用激光枪打蚊子吗?

人的脂肪是什么颜色的?

布能吸水，为何**布伞**却能遮雨？

你难道不感到奇怪吗？ 我们平时穿的布衣服遇到水会湿透，为什么布伞遇到雨水不仅不会湿透，反而能遮雨呢？

原来，当布伞被撑开时，在布的纤维与纤维之间会有许多小孔，雨水落在小孔上的时候，就会在伞的表面形成一层水膜，封住布伞纤维间的小孔，不让后面落下的雨水透过小孔流下来。

所以，有了这层水膜的存在，布伞就可以帮我们遮雨了。

不过，遇到倾盆大雨时，可千万不要逞强哟！布伞可就不顶事喽！因为粗大密集的雨点，会穿透这层水膜而渗透到布的小孔里去，到那时

可能就会出现"外面大雨哗啦啦，里面小雨滴答答"的局面了。

为什么转动雨伞，雨点会被甩下来？

我们知道，物体做圆周运动时，需要外力提供向心力。运动速度越大，所需向心力就越大。雨伞转动时，伞面对雨点的附着力不足以提供向心力，雨点就会沿切线方向飞出去。

太阳伞可以当雨伞用吗？

太阳伞也是伞，那么，能不能用它来挡雨呢？太阳伞的制作材料完全不同于雨伞，它的表面有一层防晒涂料，能够遮挡紫外线。经过雨淋之后，这层膜很容易被破坏，逐渐消退，最终失去遮挡紫外线的功能，所以雨伞和太阳伞最好不要混在一起使用。

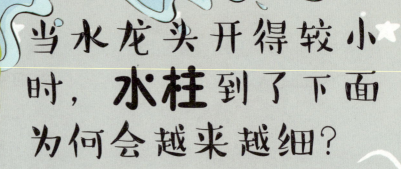

当水龙头开得较小时，**水柱**到了下面为何会越来越细？

我们每家的厨房里都有水龙头，需要用水的时候，转动一下水龙头，水就能从水管中流出来了。你知道吗？转动水龙头，其实是移动了一个阀门，从而打开或关闭了水管末端的孔。孔打开时，被阻挡的水受到压力就会流出来；而水受到的压力是固定的，所以水龙头里的孔开得越大，流出的水越多。

可是你有没有发现一个奇怪的现象，如果我们把水龙头打开一点点，就会从水龙头里流出一股细水柱，按说它应该以同样的粗细向下流呀，可事实上，水柱越往下越细，最后甚至分散成了水滴。这是什么原因呢？

原来，打开水龙头之后，水在一定时间内流过水平截面的水流量是保持不变的，我们可以把这个固

4

定的水流量看作是一段体积不变的水柱，但随着水向下流动，水的流速会越来越快，这样就导致远离水龙头的水柱被拉长了。离

水柱在被拉长的同时，也会越来越分散。

得越远，水流速度越快，水柱就被拉得越长。相同的水量越变越长，自然也会变得越来越细，最后甚至分散成了水滴。

自来水、饮用水和纯净水的不同

我们知道，从水龙头流出的水是自来水，必须经过加热才能饮用；而饮用水可以不经处理，直接供人体饮用。那纯净水呢？它没有细菌、没有病毒、干净卫生，是化学纯度极高的水，不含任何杂质，当然也可以饮用。不过长期喝这种不含任何矿物质的纯净水，对身体健康是没有益处的！

5

点燃**烟花棒**以后，它为何能在空中画出美丽的图案？

有喜事的时候，人们常常会通过放烟花来庆祝。一听到放烟花，你是不是就会感到异常兴奋呢？也许你觉得自己点燃一根烟花棒会更有乐趣，因为用烟花棒可以在空中画出不同的图形。那么，为什么烟花棒会画出不同的花样，最后却终结为一个火星呢？

其实，这并不表明烟花有什么神秘之处，真正的奥秘在于：当你的眼睛看到某个东西发生变化时，并不会立刻就反应过来，而是要把过去已经发生过的影像在你的大脑中保留极短暂的一段时间，这种功能叫作"视觉滞留"。

想想自己喜欢看的动画片，那些画出来的卡通人物怎么会动呢？其实卡通人物不是真的动起来了，而是一系列静态的图片进行快速、连续的播放，对我们的眼睛造成的一种欺骗。

同样的道理，点燃的烟花棒勾画图形时，由于视觉滞留，我们才会以为每个新出现的火花都紧随着上一个火花的运动轨迹。而且，在黑暗背景下，这种视觉滞留现象会更加明显。因此看起来，甩动烟花棒就像是在夜空画画一般。

烟花为什么会发出五颜六色的光呢？

当你观赏烟花的时候，肯定会惊叹于它那绚烂的色彩。烟花为什么会发出五颜六色的光呢？原来，烟花里除了火药，还含有用金属化合物制成的发色剂。将不同的金属化合物混合在一起，燃烧时就能发出不同颜色的光了。比如硝酸锶和碳酸铜混合可以发出紫光，硝酸锶和硝酸钠混合却能发出橘红色的光。

飞机转弯时为何要"斜着身子"呢？

想一想自己在电视上看到过的飞机转弯时的情形，它是以怎样的"姿态"完成转弯动作的呢？

通过回忆，你可能就会发现，飞机在空中转弯时机身是向里倾斜的。飞机为什么要"斜着身子"转弯呢？

先让我们一起来看看在空中飞行的飞机。飞机在飞行的过程中，机翼会受到空气的托力，这个力是竖直向上的，只能使飞机上升而不能使其转弯。我们知道，飞机并没有汽车那样的方向盘，所以它需要转弯的时候，必须有一个向左或向右的向心力。这个力只有通过机身向左或向右倾斜才能获得。因为气流对飞机的作用力是垂直于机翼表面的，当机翼向右或向左倾斜时，飞机就会受到

气流给它的一个向左或向右的力，这个力就可以作为向心力使飞机完成转弯动作了。所以，飞机在空中转弯时，机身需要向里倾斜。

骑自行车转弯时为什么要故意向里侧倾斜呢？

你观看过自行车比赛吗？那些参加自行车比赛的运动员在转弯的过程中，通常会让车身和自己明显向里侧倾斜，这是怎么回事呢？

一个物体如果要转弯，必须受到向心力的作用。这个力从哪儿来呢？因为车子只与地面接触摩擦，所以这个向心力只能是地面给它的，但这个力在使自行车转弯时会让人和车子向外倾斜。又由于比赛时自行车的速度非常快，因此，在这个过程中，运动员们必须尽可能地将身体和车身向里侧倾斜，才能保持平衡，最后顺利转过弯道而不跌倒。

汽车能**刹车**，轮船也能"刹车"吗？

行驶在公路上的汽车一遇到紧急情况就会刹车，那么轮船遇到紧急情况怎么办呢？轮船能不能"刹车"呢？汽车刹车停下是利用了轮胎与地面的摩擦力，而轮船在水中是靠什么停下来的呢？

如果你乘坐过轮船，就会很清楚地知道：在河里顺流而下的船只，当到达目的地时不会立刻靠岸，而是要绕一个大圈子，使船逆着水行驶以后，才慢慢地靠岸。这是怎么回事呢？

原来，使轮船逆水行驶靠近码头，就可以利用流水对船身的阻力，起到"刹车"的作用；除此之外，如果轮船需要立刻停止前进，还可以抛锚。

什么是抛锚呢？在通常情况下，船头的位置都会有一个铁锚，起稳定船身的作用。当需要

停船的时候，将锚抛下水，锚就会深深地陷入水底的淤泥中，使船慢慢停下来。不过，船通常是逆水抛锚，如果沿水流方向抛锚会有什么结果呢？由于船尾受到水的冲击力会很大，容易使锚翻转，甚至导致船体发生旋转，后果不堪设想。

汽车在开动时，为什么乘客会向后倒？

任何物体都有保持原有运动状态的特性，即惯性。在汽车突然开动的一瞬，由于乘客的双脚踩在车的地板上，于是和车一起前进了。但是人的上身却由于惯性的原因，继续保持着静止不动的状态，所以乘客就会向后倒，好像被人向后推了一下似的。

那么大的**飞机**是怎么飞上天的呢？

你坐过飞机吗？ 自从有了它，我们就可以像鸟儿一样在空中自在地飞翔了。哪怕相隔再远的地方，我们乘着飞机也能很快到达。可是飞机的体形那么笨重，而且有时还承载着几百人的重量，它究竟是怎么飞上天的呢？

飞机能轻松升空的最大奥秘，就在于它那双特殊的"翅膀"——机翼。飞机的机翼能够为飞机的飞行提供一定的升力。那么，这个升力到底是怎样形成的呢？原来，机翼的横截面呈现出上凸下平的形状，这使得流经机翼上、下表面的空气流速不同，上表面的空气流速快，下表面的空气流速慢。气流作用在机翼上的最终效果是使机翼受到了一个向上的力，这就是我们所说的升力。当升力超过机身重力的时候，飞机就能飞上天了。

直升机为什么会有两个螺旋桨呢？

你见过直升机吗？在直升机的顶部和尾部各有一个螺旋桨：通过顶部大螺旋桨的旋转，直升机会得到一个升力，带动机体上升；而尾部螺旋桨主要是用来维持机身稳定的。

飞机上的新鲜空气从哪儿来？

在飞机上有个"发动机压缩器"。飞机在飞行的同时，发动机压缩器会自动从空中吸入空气，然后经过一系列复杂的处理，使之变得更加适合乘客呼吸。因此，飞机上总是流通着新鲜空气。

火车上不能听**收音机**，可为何能打手机呢？

真奇怪！在火车上打开收音机，听不清任何广播节目，无论你怎样调整天线的方向，结果都一样；但在火车上使用手机，却丝毫不受影响。收音机和手机不都是靠无线电波传递信号的吗？为什么会出现这样的结果呢？

原来，广播电台发射的无线电波属于中短波，这种电波的穿透能力非常差，一遇到钢板或铁板等金属材料，就无法继续进行传播；而火车车厢正是用金

属材料制造的，所以，你在火车上就无法通过收音机来收听广播啦！

移动电话发射的无线电波与收音机发射的不同，它属于超高频波。这种电波信号穿透能力很强，可以穿过火车车厢，通话自然也就不成问题了。

飞机上为什么禁止使用手机呢？

当人们乘坐飞机的时候，都被要求将各自的手机关掉或使用飞行模式，如果有一人疏忽，就可能造成严重的事故。为什么会这样呢？

在整个飞行过程中，飞行员都会利用飞机上的通信导航设备，接受地面人员的控制和指挥。如果乘客在飞机上使用通过无线电波传递信息的手机，那么手机发射出的无线电波就会严重干扰飞机上的通信导航设备，容易使之出现偏差，从而导致空难事故。

收音机靠近正在通话的手机时，为什么会发出"嗡嗡"的声音呢？

当我们听收音机时，只要附近有人使用手机打电话，收音机就会发出"嗡嗡"的声音，等手机挂断后，收音机又恢复到以前的样子，这是什么原因呢？原来，这是由通信期间手机发射的无线电波引起的。手机与收音机发射的无线电波相互干扰才会使收音机发出"嗡嗡"的声音。

铁路的钢轨和枕木为何不直接铺设在地面上？

为了使火车安全、快速地行驶，钢轨被牢牢地钉在了枕木上，而枕木又铺设在道砟上。这样的工程非常复杂，要动用很多的人力、物力，难道非得这么麻烦吗？为什么不直接把钢轨铺设在地面上呢？这样会省事很多啊！

这是因为火车的载重非常大，这样做就会让火车的重量通过枕木从道砟传到地面，使承受压力的面积增大，单位面积上承担的压力就小了，地面也就承载得起很大的重量。另外，由于道砟很容易排水，所以枕木不容易腐烂。

如果把钢轨直接铺在地面上，钢轨和地面的接触面很小，单位面积上承载的压力就非常大，地面就可能因为承受

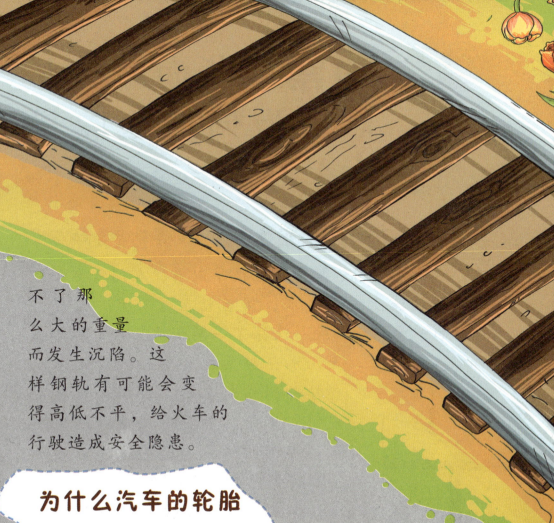

不了那么大的重量而发生沉陷。这样钢轨有可能会变得高低不平，给火车的行驶造成安全隐患。

为什么汽车的轮胎大多是空心的？

如果把汽车的轮胎换成实心的，是不是就省去了为轮胎充气的麻烦呢？可是为什么汽车的轮胎大多是空心的呢？那是因为空心的轮胎内充满气体，可以减少车的震动，不易损坏车辆和路面；而且在行驶过程中，空心轮胎不易因反复热胀冷缩而裂开，这就延长了轮胎的使用寿命。

火车是如何掉头的？

火车行驶到了终点后还要返回原点，那么它到底是如何掉头的呢？其实火车是不会像汽车一样掉头的。当火车到达终点站时，就并入交叉轨道，然后由另外一个火车头进行反方向牵引，还有的火车则是首尾各配有一个火车头。

17

邮票的背面沾上水后，为何两边总是向上卷？

在电子邮件出现之前，人们常常去邮局寄信，这时就会用到邮票。在很早以前，人们需要在邮票的背面涂上一层胶水，然后粘在信封上。但是，如今的邮票背面都统一涂抹了一层物质，只需要沾一点儿水，邮票就会有黏性，就可以直接粘到信封上面，使用起来非常方便。不知你有没有发现，这样一来，邮票的两边总是向上卷。这是怎么回事呢？

原来，纸张一遇到水就会发生膨胀，你一定见过被水溅湿的纸会隆起一块，即使干了也不会像原先那样平整了。同样的道理，在你

18

用水沾湿邮票的背面时，背面吸收了水分，于是纸就膨胀了，但是邮票的正面没有遇到任何水分，面积就不会发生改变。由于邮票正面和背面的膨胀程度不一致，邮票的背面沾上水后，两边就向上卷了。

世界上第一枚邮票的诞生

1840年5月，世界上第一枚邮票诞生于英国。在这之前，英国人每收到一封信，都需要支付一定的邮费，而这相当于当时一个工人辛苦劳动一天的工资。所以，很多人都不愿意支付这么多钱。于是，英国政府决定发行一种价格便宜的邮资凭证，即邮票。由寄信人购买以后，粘在信封上，这样一来，收信人收到信以后就不用付邮费了。世界上第一枚邮票的价格只有一便士，而且是由黑色油墨印制的，因此后人将其命名为"黑便士"。

邮票的四周为什么有许多齿孔呢？

邮票四周的齿孔更便于我们撕下邮票。据说，过去的邮票并没有齿孔，出售邮票时，必须用剪刀一枚一枚地剪开，很不方便。后来，有个人要寄信，因没有剪刀，就用西装领带上的别针在邮票间刺了一行行的小孔，很快就把邮票撕开了。1854年，英国最先发行了有齿孔的邮票，从那以后，各国的邮票就都有了齿孔。

为什么用锤子砸不碎柔软的橡皮泥呢？

大家都喜欢玩橡皮泥， 橡皮泥玩起来就像玩泥巴一样，唯一不同的是它不会把你的手弄得脏兮兮的。你知道这么柔软的橡皮泥为什么用锤子却砸不碎吗？

原来橡皮泥大多是用一些化学物质混合在一起制成的，其中含有一些油脂类物质，所以橡皮泥不容易破碎。即使用坚硬的锤子用力击打，橡皮泥也不会碎成一块一块的。橡皮泥虽然没有毒性，但是也不能吃进肚子里，而且玩橡皮泥以后还要记得洗手哟！

20

橡皮泥和陶土都能放在窑里烧吗？

我们知道，生活中的陶盆、陶碗，都是捏好形状后，放到窑里烧制而成的。橡皮泥也能捏成器具的样子，是不是放在窑里烧一下，也能成为器具呢？

你可千万不要冒这个险。陶土捏制成的器具放在窑里，并不是真的用火烧，实际上只是在利用窑里的高温烤，将其中的水分烤干，并改变陶土中的部分组成物的物理性质。橡皮泥中含有一些易燃的油脂类物质，如果将它放在高温的窑里，还未成型就已经烧坏了，怎么能够成为可以使用的器具呀？

刚买的橡皮泥如何保存呢？

我们都知道，橡皮泥在空气中放久了会变干。那么，如何才能避免橡皮泥变干呢？其实，方法很简单，只要你把橡皮泥用保鲜膜包好放进冰箱里，橡皮泥就不会因为变硬而不好玩了。万一橡皮泥变干了怎么办呢？只要你在橡皮泥上喷些水，然后再盖上一块湿毛巾，过不了多久，坚如"磐石"的橡皮泥就又变成柔软的"小面团"了。

吹出来的肥皂泡为什么会先升高后降低呢？

吹肥皂泡很简单——将一根细笔管竖直地放入肥皂液里，使得管口蘸上一层肥皂膜，拿起来小心地吹，很容易就能吹出一个大大的肥皂泡来，然后这个肥皂泡会先慢慢往上飘，上升到一定高度后再慢慢下降。你有没有想过，肥皂泡为什么会先升后降呢？

原来，这和你吹出的气有关。你刚吹出的气带着你体温的热度，比周围的空气温度高，热空气会上升，因此肥皂泡越升越高。随着时间的推移，那些热乎气没有了，肥皂泡自然开始下降。如果外界风比较大的时候，我们吹出的肥皂泡会怎样运动就不一

定了——也许上升，也许下降，全看风往哪里吹了。

肥皂泡为什么会破？

　　当你吹出一个大泡泡的时候，肯定会高兴得手舞足蹈，可是没过一会儿，肥皂泡就破了。唉，真可惜！它为什么不能像气球一样多陪我们玩一会儿呢？我们知道，肥皂泡的壁特别薄，由于重力的作用，上部的液体会逐渐向下部集中，这样一来，肥皂泡上部的壁就会变得更加薄。当它薄到一定的程度时，肥皂泡就会破了。

商场里卖的**鸡蛋**为什么要大头朝上地放置呢?

如果你和妈妈去商场买鸡蛋,注意观察一下商场里的鸡蛋是怎样放置的。你会发现,鸡蛋被整整齐齐地摆在了一排排的蛋托中,而且鸡蛋的大头是朝上的。商场里这样做仅仅是为了使鸡蛋摆放整齐、节省空间吗?还是这样鸡蛋不容易摔碎呢?其实,这样做的最大好处是有利于鸡蛋的保鲜。

新鲜鸡蛋有黄鸡蛋位置,但是放置一段时间后,蛋白会在蛋白酶的作用下逐渐变稀,它对的蛋白能够固定蛋黄在鸡蛋中的效地固定鸡蛋中的

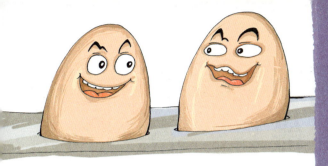

蛋黄的固定作用就会变弱。由于蛋黄比蛋白轻，鸡蛋横着放时，蛋黄会上浮，从而贴到蛋壳上，最终形成"贴皮蛋"。这样的鸡蛋很容易遭到细菌的侵袭，变成臭鸡蛋。如果大头朝上并且直立放置，就可以避免形成"贴皮蛋"。这是因为鸡蛋大头处有一个气室，里面有气体。即使蛋黄上浮，也不会贴到蛋壳上。这样，细菌就不容易侵入到蛋黄里了。

因此，当你把鸡蛋买回家准备放到冰箱里时，最好也学学商场里摆放鸡蛋的方法吧。

鸡蛋存放前为什么不能洗？

新鲜的鸡蛋上面可能会粘有一些泥或鸡屎，看起来不太舒服。不过即便如此，也不能把它们用水洗干净，因为鸡蛋表面有很多小孔，小孔上覆盖着一层保护膜，能防止鸡蛋内水分的蒸发和细菌的侵入。如果鸡蛋被水洗过，这层保护膜就会受到破坏，这样一来小孔就通气了，水分和细菌就可以从小孔随意进出，洗后的新鲜鸡蛋就容易坏了。

风筝放高了，绳子能不能拉得直直的？

每当起风的时候，很多风筝爱好者就会聚到一片空旷的地方，放飞自己心爱的风筝，并且还要比一比谁的风筝飞得更高呢！你有没有兴趣成为他们之中的一员呢？不会放没关系，看看那些飞上高空的风筝，看看那些放风筝的人也是很愉快的体验。

有意思的是，那根一端系在风筝上，另一端拉在人们手里的绳子不是直直的，而是中间向下垂的。这是什么原因呢？

现在来问问你，用来牵引风筝的这根绳子受到哪几个力呢？

你也许会回答，有风筝向上拉的一个力，有人的手向下拽的一

个力，还有……还有绳子本身受到的重力，而这个力是最容易被忘记的。由于绳子本身也有重量，所以它就会向下垂落呈弧形。风筝越高，绳子越长，这个弧形的弧度越明显。当然，风对绳子也会有一定的影响。这下你知道原因了吧！其实，拉船的纤绳也是中间下垂呈弧形的，这两者是同样的道理。

风筝在很久以前就**出现了**

相传，最早出现在我国的风筝是用牛皮制作而成的。直到人们发明了造纸术以后，才开始把纸剪成各种形状，用线牵引着，让它在天空中自由飞翔。由此可以推断，我国的风筝已经有2000年以上的历史了。

为什么每个风筝都会有**尾巴**呢？

奇怪，为什么每个风筝都有一条或粗或细或长或短的"尾巴"呢？可不要小瞧这条"尾巴"，它能帮助风筝保持平衡，从而在天空中平稳地飞行，不至于左右摇摆。

干纸撕起来声音很响，而湿纸撕起来为何声音却小了很多？

要想弄清这个问题，你首先要知道声音是如何产生的。物体如果由于碰撞或者其他原因导致振动，就会发出声音。振动得越强烈，发出的声音就越大；相反，振动得越轻微，发出的声音就越小，甚至听不见。那撕纸的时候，是不是也发生了振动呢？

纸张的主要成分是植物纤维，它们通常是均匀地分布在纸张中的。干的纸张，纤维之间的拉力比

较大。撕的时候，纤维的振动就比较强烈，因此发出的声音听起来比较响；而纸被水浸湿以后，由于纤维也被水浸湿了，于是纤维之间的拉力就变小了，撕的时候，纤维的振动就变弱了，因此只能发出比较轻微的声音。

沿不同的**方向**撕开报纸，用的**力**一样吗？

你一定非常喜欢玩撕纸的游戏，但你也许不知道，沿着不同的方向撕纸，所用的力气也是不一样的。那么，究竟会有什么差别呢？

让我们拿两张废旧报纸试着比较一下吧。如果你沿着一个方向撕，纸可能会很容易被撕开，并且是沿着一条直线整齐地分成两半；而如果你沿着另一个方向撕，就可能会感到有些吃力，而且报纸的撕口也是参差不齐的，这是怎么回事呢？

其实，这是由纸的构造所决定的。纸的主要成分是植物纤维，而纤维的排列方向是一致的。撕纸的过程实际上是在撕断它的纤维，因此，顺着纤维的方向撕会更容易一些。

刮胡膏能使用那么多次，它是怎么被装到罐子里的呢？

爸爸使用的刮胡膏，可是一个非常有趣的东西——压一下，就能挤出非常丰富的泡沫。你也许会问，这个小小的罐子里怎么能挤出这么多泡沫呢？它们是怎么被装到罐子里去的呢？

原来，产生丰富泡沫的不是别的，正是水和肥皂。在进行灌装的时候，还有一种特殊的气体被压缩后一同装进了气雾罐中，它就是丁烷。因此，当你按下罐顶的喷嘴之后，压缩气体、水和肥皂

混合在一起被喷出，气体随即发生膨胀，这样一来，只需要很少量的水和肥皂，就能产生大量的泡沫。如果没有丁烷，在使用刮胡膏的时候，恐怕只能挤出一些肥皂水来了。

气雾罐使用后，它为何会发凉？

使用完气雾罐，别着急放下，感受一下，气雾罐本身是不是有点儿变凉了？为什么会出现这种变化呢？我们知道，一压气雾罐，里面的气体会膨胀，而这个过程需要吸收热量，所以气雾罐在使用后就会变凉了。

刮胡膏可以用来洗净衣领上的污垢吗？

衬衫的领子最容易脏了，也最不容易清洗干净，通常妈妈都会利用漂白剂来清洗。你知道吗？其实爸爸用来刮胡子的刮胡膏也可以用来清除衣领的污垢。只要在脏脏的衣领上涂抹适量的刮胡膏，停留几分钟再洗，就会有意想不到的效果呢！

光速那么快，人类是怎么测出来的呢？

谁都知道光速特别快，人类是通过什么方法测算出光速来的呢？从17世纪开始，就有许多科学家一直在探索测量光速的方法，并为此做了大量实验。

我们知道，光照射到镜子上便会产生反射光束。19世纪时，法国物理学家斐索受到这一现象的启发，找到了一种测量光速的方法。只要测量出光从发射到返回的时间差，不就可以准确地计算出光的速度了吗？于是，斐索找到两个相距8千米的山头，在其中一个山头放置了一个旋转的齿轮，在另一个山头放置了一面镜子。他先让光通过齿轮的两个齿间，照射到另一个山头的镜子上，光线经过镜子的反射后，又从齿轮的另外两个齿间传

回来，这样便可以根据齿轮旋转的速度，以及光在往返过程中齿轮转过的齿数，计算出光往返过程所用的时间。斐索就通过这个方法相对准确地测算出了光速。

最准确的光速测量

在斐索之后，美国物理学家迈克尔逊也曾测量过光速，而且他的测量结果是历史上最准确的。1878年，迈克尔逊的岳父资助他2000美元用来进行光速测量。恰巧当时美国的航海历书局局长纽科姆也对这项工作表现出浓厚的兴趣，于是两人开始合作并得到了政府的帮助。在此后长达50年的时间里，他们不断地改进光速测量装置，并进行重复测量。最后，终于获得了一个非常准确的结果。

记录闯红灯的**拍照系统**是24小时开着吗？

十字路口看不见交警叔叔的身影，但是在路口闯红灯的车辆也会被逮个正着。这是为什么呢？因为大多数交叉路口都安装有拍照系统，任何违反交通规则的车辆都逃不出它的"法眼"。那么，这些记录闯红灯的拍照系统，是一天24小时都开着吗？要想弄清楚这个问题，还得从记录闯红灯的自动系统说起。

记录闯红灯的自动系统有不同的种类，其中，最常见的一种是在路面下安装一个线圈，当线圈接通电源时，就产生了磁场，形成了一个巨大的感应器。当车辆通过线圈上方时，会对线圈造成影响，而连接线圈的电脑就会接到信号，从而知道有车辆从线圈上方驶过。当红灯亮时，电脑就会自动开启拍照系统，一旦有车辆闯红灯就会立刻进行拍摄。当绿灯快亮时，拍照系统会提前关闭，主要是为了防止造成误拍。可见交叉路口记录闯红灯的拍照系统，并不是24小时开启的。

会不会出现"一路绿灯"的情况呢？

我们都知道，驾车时遇到红灯是一件特别烦人的事情，但是你又不得不等。如果能一路畅通，那该有多好啊！真的会出现"一路绿灯"的情况吗？也许你会说，一路都是绿灯，那需要多好的运气啊！事实上，如果一辆汽车通过某路段的时间，恰好与该路段红灯变绿灯的时间间隔相同，这种情况是会出现的。

垃圾会破坏环境，垃圾短信也会破坏环境吗？

自从有了手机，我们的交流变得越来越方便。如果有事不方便通过电话来说，只要将要说的话输入手机中，然后按发送键，一条短信就"飞"到对方的手机里了。别提有多神奇！

因为发短信非常方便，所以我们通常会在过节或朋友过生日时，通过短信送上祝福；也可以通过短信通知别人一件事情；还可以在无聊的时候和朋友发短信聊天。可是，我们的手机有时候也会收到一些商家的广告或者陌生人发来的莫名其妙的短信，这些短信我们称之为垃圾短信。

我们都知道，垃圾会破坏环境，那么垃圾短信会不会对环境造成影响呢？事实上，短信的收发也会间接

因为手机短信传播速度快，覆盖面广，可以利用群发端口或群发设备同时自动发给很多人，而且收到短信的人通常会阅读整条短信，了解其内容。正是由于手机短信的这种独特性，才使越来越多的人为了自己的利益，利用手机短信这个便捷手段，将垃圾信息发到人们的手机里。

导致碳的排放量增加，因为短信的收发过程是需要消耗电能的，只不过人们通常很难意识到。因此，滥发短信与当今"低碳"的生活理念是相违背的。如此看来，短信也不应该随意发。节能环保，让我们从小事做起吧！

飞翔中的 **老鹰** 为何
有时不用扇动翅膀？

一般来说，在空中飞翔着的鸟儿都会来回扇动自己的翅膀。它们一旦停止扇动翅膀，不就会从天上掉下来吗？可是，在高空翱翔的老鹰有时会张着它那双大翅膀动也不动，却照样可以飞得很好，这是怎么回事呢？

原来上升的气流是原因之一。我们知道，当阳光照射地面的时候，地面温度就会不断升高，同时地面把它附近的空气烘热了。由于热空气比冷空气轻，热空气会不断上升。因此，当老鹰遇到上升气流时，

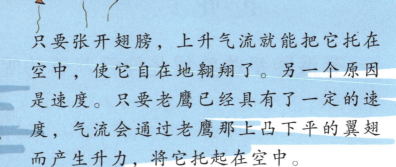

只要张开翅膀，上升气流就能把它托在空中，使它自在地翱翔了。另一个原因是速度。只要老鹰已经具有了一定的速度，气流会通过老鹰那上凸下平的翼翅而产生升力，将它托起在空中。

人类向老鹰学习，发明了滑翔机。只要能利用好气流，滑翔机就能在空中停留较长时间，飞行几百千米呢。

喜欢飞翔的鸟类有哪些特点呢?

鸟类的骨骼构造非常特殊，骨头是中空的，里面充满空气；鸟类的胸部肌肉非常发达，保证了其在飞行中有足够的力气去扇动翅膀；鸟类的翅膀也有非常复杂的结构，通过上下扇动，空气流速变快，导致翅膀上方气压减小，下方的高气压将鸟类托起，于是，它们就能够在空中自由地飞翔起来了。

39

鸟飞行时，为什么总是把**双脚**缩在腹下呢？

有谁跑步的时候是伸开双臂的呢？ 这样跑步会感到很吃力。这是怎么回事呢？原来，在空气中运动的物体都会受到空气阻力的影响，而伸开双臂跑步，会增加空气对你的阻力。

同样的道理，当鸟儿在空中飞行时，为了能够减少空气阻力，通常会把双脚缩在腹下。这就是鸟儿在空中自由飞翔的诀窍之一。而像鸬鹚、鹤等鸟类，由于脚非常长，不能缩在腹下，于是只能水平地伸在身体后面了。这类鸟在飞行时由于不能把脚完全收起来，所以，往往

飞得不快。

　　人类很早就认识到空气阻力的影响了。如飞机在起飞后，会迅速把轮子收起来，这样就减小了空气阻力。

空气阻力的好处

　　由于物体从空中落到地面时，会受到很大的空气阻力，所以人们发明了降落伞。降落伞被广泛地应用于航空航天事业中，比如空投物资、空军演练等。

蚂蚁从10层高的楼上摔下来会死吗？

如果蚂蚁从高处摔下来，常常安然无恙、毫发无损，你知道这其中有什么奥秘吗？

我们都知道，所有的物体在空气中运动时，都或多或少地受到空气阻力的影响。蚂蚁又轻又小，掉落的时候，空气阻力发挥出了很大的力量，这股力量向上"托举"着蚂蚁，使得蚂蚁下落的速度大大减小，从而安全着地。有时候，空气阻力甚至不比蚂蚁受到的重力小，这时候蚂蚁会在空中飘很久才能落地。

其实蚂蚁从高处落下来摔死，也不是不可能的事。如果把蚂蚁放置在一根真空的长玻璃管中，当蚂蚁在

蚂蚁是杰出的
建筑专家

不要小看蚂蚁，它们可是建筑方面的专家呢！蚂蚁一般会在地下修建规模巨大、纵横交错的巢穴，在巢穴里有一个专门的房间是蚁后产卵用的，其他的房间也各有用处——有的专门放蚁卵，有的住着刚孵化出来的幼蚁，有的房间里则贮藏着大量的食物。整个巢穴内还有良好的排水系统和通风措施呢。

这条长长的通道里下落时，因为没有空气的阻力，蚂蚁下落的速度会越来越快，如果真空玻璃管足够长，蚂蚁就有可能摔死了。

43

煤炉越扇越旺，为何点燃的**蜡烛**却一扇就灭呢？

从前在农村地区，人们做饭取暖的方式和城市不一样，都是烧煤炉。点燃以后，用扇子扇一扇，煤炉里的火就会越来越旺。但是，你可不要以为扇子扇出来的风在任何时候都是火苗的好帮手，当你用扇子对着正在燃烧的蜡烛扇时，蜡烛瞬间就会熄灭。这是为什么呢？同样是火，它们之间有什么区别呢？

　　燃烧需要三个条件：一是可燃物；二是达到物体燃烧时所需要的温度，也就是燃点；三是氧气的充分供给。三者缺一不可。没有可燃物，自然谈不上燃烧。但如果可燃物与空气中的氧气充分接触，却没有达到该物体的燃点，物体是不会燃烧的。当然，如果可燃物的温度达到了燃点，却没有足够的氧气供给，它也是不会持续燃烧的。

　　炉子里的煤炭一旦被点燃，它在燃烧时发出的热量，会使其温度一直维持在煤炭的燃点以上。这时如果用扇子不停地对着炉内扇风，就会使得煤炉的通风效果更好，使煤炭得到更多的氧气，所以煤炉会燃烧得更旺。

　　蜡烛虽然也是靠燃烧发出的热来使蜡的温度维持在燃点以上，但当你用扇子对着蜡烛扇时，火焰很容易被扇得离开了蜡烛芯，导致蜡烛的温度降到燃点以下，因此蜡烛就会熄灭了。

煤的用途多

　　别看煤的长相黑乎乎的，不怎么讨人喜欢，它却对我们的生活大有用处。无论是发电、冶金、建筑、交通，还是我们的日常取暖，通通离不开煤。可惜的是，煤不是取之不尽、用之不竭的，它属于不可再生资源。因此一定要节约用煤哟！

45

能把西瓜当炮弹吗？

西瓜个头不小，是水果中的"巨无霸"。一个人如果被西瓜砸中了，那后果不堪设想。但是西瓜和炮弹比起来，那就是"小巫见大巫"了。能不能把西瓜变成炮弹呢？

如果把西瓜静静地放在桌子上，那它永远也变不成炮弹。只有西瓜迎面撞到快速运动的物体时，才可能产生巨大的破坏力。迎面运动的物体速度越快，西瓜的破坏力就越大。举例来说，如果对准疾驶而来的汽车，把西瓜投掷过去，那么这个原来没有破坏力的西瓜就会打坏车身，甚至伤害到车上的人。这到底是为什么呢？

其实这个道理很简单。当西瓜与

有没有发射出去就不用管的"懒人炮弹"呢？

当然有！这种炮弹被称为"遥感炮弹"。只要将遥感炮弹发射到目标的上空，炮弹就能够自动搜寻目标，然后击中它。这种炮弹的命中率非常高，而且威力巨大。

汽车相撞时，汽车相对于西瓜的速度非常快，这样西瓜就变成了危险的、有破坏力的"炮弹"了。所以，对于一辆高速行驶的汽车，我们绝不能把西瓜等看起来没有破坏力的东西迎面投掷过去，以免伤害到汽车和汽车里面的人。

能不能把公共汽车的**后玻璃**做成活动的呢？

在炎热的夏天，乘坐没有空调的公共汽车，实在是一件非常糟糕的事情！因为，即使把公共汽车两边的窗户开到最大，也还是会感觉闷热难忍。如果能把公共汽车的后玻璃窗也打开，那该有多好啊！可如果真的这样做，全车的乘客恐怕都会变成"土人儿"了。这是怎么回事呢？

想要解释清楚这个问题，让我们先来看一个例子。小鱼在大海里游泳时，水面上只会有波纹，而不会出现大的波浪；但如果是一头巨鲸游来，便会激起滚滚的浪花。这是因为鲸的体积比小鱼要大得多，在它所经过的区域，和它体积相等

汽车的后风挡玻璃为什么有条细线？

的水会被排开，当它继续向前游的时候，它所经过的地方又会有水补充进来，所以在鲸的尾部常常会出现巨大的浪头。

同样的道理，公共汽车的体积特别大，开动时会排开相同体积的空气，而且公共汽车的速度也非常快，等它驶过以后就要有空气过来补充，这时马路上的灰尘就会随着气流紧跟着从车子后面涌来，形成尘土飞扬的情景。

看了上面这些，你还敢开公共汽车的后玻璃窗吗？正是由于这个原因，公共汽车的后玻璃窗都没有设置开关，以免调皮的你把它打开了。

在汽车的后风挡玻璃上，我们会看到有十几条棕色、土黄色或绛紫色的平行线。这些线条可不是单纯用来美化风挡玻璃的普通线条，而是被固定在玻璃内侧的电热材料。当汽车的风挡玻璃内侧出现一层水雾时，只要接上电源，它们就能产生热量，于是水雾就会很快被蒸发掉了。

能不能坐电梯去太空呢？

如今，人们上下楼通常都会乘坐电梯。既然楼上、楼下可以用电梯作为连接，那么地球和月球乃至整个太空，可不可以也建造一个电梯呢？那样我们就可以乘坐"太空电梯"去探索宇宙了。科学家告诉我们，未来"太空电梯"将会成为现实。

在美国的西雅图，有一个"高电梯系统"公司。该公司计划在21世纪建造一座能将人和货物直接送入太空的电梯。太空电梯的箱体和线缆的

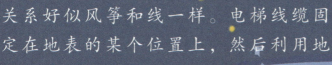

关系好似风筝和线一样。电梯线缆固定在地表的某个位置上，然后利用地球自转的离心力将其抛出去；而另一头则系着一个起平衡作用的铅坠。

到目前为止，建造这种神奇的太空电梯还有一些问题没有解决。首先，必须用比钢铁还硬的材质作为线缆，否则，线缆可能会在半空中发生断裂；其次，太空电梯需要大量能源为它提供动力；另外，太空电梯运行时，速度太快乘客受不了，速度太慢又会花费太长的时间。由于建造这种太空电梯耗资巨大，技术含量特别高，所以近期是不可能实现的。

太空旅行，乘坐太空电梯最便捷

科学家预言，乘坐太空电梯游太空将是最便捷的方法。太空电梯一旦建成，可以长期反复使用，乘坐人数较多，这样每位游客每次旅游的费用就不会很多。太空电梯基本上可以做到匀速上升，这样游客在升空之前也不需要参加长时间的特殊训练，并且可以在不同的高度看到周围不断变化的风景。

51

清洁 保温瓶 的方法

1. 在保温瓶中放几块苹果皮，盖严瓶盖。过一段时间后取出苹果皮，瓶内壁的水垢会变软，用水冲洗即可除掉内壁上的水垢。

2. 将剩米汤或面汤装入保温瓶中，越稠越好。冬天时要将保温瓶放到温度较高的地方，静置几天后，待其中的米汤或面汤自然发酵变酸，瓶中的水垢就会慢慢脱落。静置时间越长，去垢效果就会越好。

保温瓶胆上亮亮的一层是什么？

保温瓶的用处很大， 凡是倒入保温瓶里的液体，都能在很长一段时间里保持它原有的温度。如果你装在保温瓶里的是冷饮，几个小时后再喝，冷饮还会带给你凉丝丝的感觉；如果你装在里面的是热饮，等到喝的时候可要小心烫嘴哟，因为它可能还冒着热气。你知道吗？保温瓶的

瓶胆上镀了一层银，这是怎么回事呢？为何不镀其他金属呢？

　　原来，保温瓶内部有一个由玻璃制成的双层瓶胆。这个瓶胆的夹层之所以会镀一层银，是因为银能够使瓶胆壁如同镜面一样。当瓶内温度较高时，里面的热量不易向外辐射；当瓶内温度较低时，瓶外的热量不易向瓶内辐射。如果镀其他的金属，效果会变差。当然随着制作工艺的提高，现在也有很多保温瓶的瓶胆上镀了其他金属，如铝。除此之外，瓶胆的两层壁之间是真空的，它可以有效地削弱热对流，从而阻止热量通过瓶胆壁进行传导。

泡在水里的**衣服颜色**怎么变深了？

你下次再洗衣服的时候，不要只顾着看丰富的泡沫，还应仔细观察一下衣服在水中的颜色，看看有没有什么变化。如果你仔细观察，就会惊奇地发现：泡在水里的衣服，颜色变得更深了。这是为什么呢？

原来，我们之所以能够看到物体，是因为光照到物体上后，物体表面会把光反射到我们的眼睛里。物体反射的光越多，它的颜色就越浅；反射的光越少，它的颜色就越深。我们在洗衣服的时候，湿衣服的表面

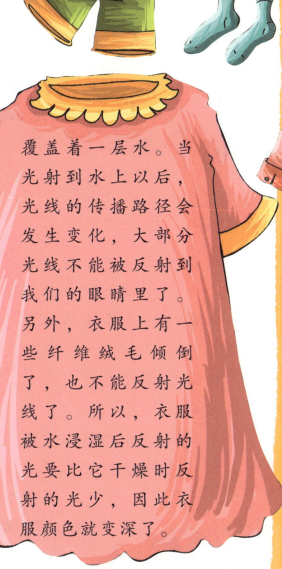

覆盖着一层水。当光射到水上以后，光线的传播路径会发生变化，大部分光线不能被反射到我们的眼睛里了。另外，衣服上有一些纤维绒毛倾倒了，也不能反射光线了。所以，衣服被水浸湿后反射的光要比它干燥时反射的光少，因此衣服颜色就变深了。

为什么棉质衣服洗后会缩水？

棉质衣服穿在身上不仅透气，而且非常舒适，但是有些时候棉质衣服在洗后却像变"瘦"了一样，穿上去有种紧绷的感觉，这是为什么呢？

原来，在自然状态下，棉纤维呈弯曲的波浪状。将棉纤维纺织成衣服时，经过拉伸和高温定型处理，棉纤维就被搓紧了。但是当我们将棉质衣服泡在水中清洗的时候，由于水的作用，原本被搓紧的棉纤维又会变得弯曲起来，就像被拉长的弹簧，一旦松手会缩短一样。这样，棉质衣服就出现了洗后缩水的情况。

普通**炸药**会像原子弹爆炸一样产生**蘑菇云**吗？

在电影或者电视剧中，我们有时能够看到：战火中一个无比巨大的蘑菇云腾空而起。造成这么大阵势的正是现代高科技的产物——原子弹。难道只有原子弹爆炸时才能产生蘑菇云吗？普通炸药就没有这种威力吗？

原子弹在爆炸时能释放出巨大的能量，在它爆炸的中心区会形成难以想象的高温、高压，从而使周围的空气迅速地升温膨胀，并且夹杂着地面上的石头、碎片、粉尘等物质快速上升，形成一道"云柱"。"云柱"越升越高，随着温

度慢慢下降，压力也随之减小，那些升到空中的石头或碎片开始纷纷向周围散开直至下降，于是就形成了蘑菇云的形状。最后一切恢复平静，但原子弹爆炸的地方已是一片废墟。

由于普通炸药在爆炸时不能释放像原子弹一样巨大的能量，所以不会形成蘑菇云。

火药是我国发明的吗？

我国古代的四大发明之一——火药，发明于隋唐时期，距今已有1000多年的历史了。你知道吗？火药的发明还多亏了荒谬至极的炼丹术呢！古代人为了追求长生不老，想方设法炼制丹药，没想到长生不老的目的没有达成，反而促成了火药的发明。后来，火药的制作技术传到了西方，经过更新改造之后就成了我们现在所说的炸药了。

秋冬季节陆地上常会有雾，海上会不会也有雾呢？

每次出门旅行前，人们通常会先了解一下天气情况，如果运气不好碰上大雾天，原先的出行计划可能就要泡汤了。雾是一种怎样的天气现象呢？

原来，空气中的水蒸气在接近地面时，遇冷会变成小水滴，这些小水滴悬浮在空气中，使得地面上的能见度下降，这就是雾。

你知道吗？秋冬季节的雾最多，因为这个时节的夜晚比较长，而且风较小，地面散热比夏天更迅速，使地面温度急剧下降。如此一来，接近地面空气中的水蒸气很容易就形成雾。既然陆地上会有雾，那海面

上是不是也会出现雾呢？答案是肯定的。

海面上的雾俗称"海雾"。海雾因其成因不同，可以分为很多种。广阔的海面上时时刻刻都会有水蒸发到空气中。当海水的温度比气温高出很多时，水就会源源不断地蒸发到空气中。这样便形成了一种特殊的海雾。神奇的是，海雾能反射各种波长的光，所以常常呈现乳白色。

雾天不要去锻炼

大雾天锻炼身体会对人的健康造成伤害；因为在雾天，灰尘和污染物与空气中的水蒸气相结合，会变得不易扩散和沉降，而且一些有害物质与水蒸气结合，毒性会变得更大。所以，在雾天锻炼身体会吸入很多有害物质，进而对人体造成伤害。

如果**头盔**上**带枪**，士兵打起仗来不是更方便？

这个主意真不错！实际上，第二次世界大战以后，联邦德国的一些武器设计专家在翻阅和整理有关当年的一些实战照片时发现，一名士兵将枪支放在由阵亡同伴的头盔堆起来的空隙中射击，就像是从小碉堡里向外发射子弹，于是产生了在头盔上装枪的念头。

经过设计专家的研制和试验，头盔枪终于设计完成了，而且它在战争中发挥了巨大的作用。头盔枪有一个突出的特点，就是子弹射出后，不会对枪产生反冲作用。这样，既提高了射击精度，又使枪的结构得以简化。

除了头盔枪，还有超级智能的头盔装置。当敌人

突然使用核武器、化学武器或细菌武器时，头盔上的通气孔就会马上关闭，背囊中的输氧装置便会通过管道自动给士兵输送氧气。与此同时，眼睛前方的瞄准镜也立即自动关闭，保护士兵的眼睛不受伤害。

头盔枪的功能好强大啊！

头盔枪到底什么模样呢？

头盔枪的前端是枪管，可以射出子弹，后端喷出火药气体，最上方是容纳子弹的枪膛。当发现目标时，通过装在射手眼睛前面的反射镜和瞄准镜，可以将目标准确地反射到人的视线以内，射手便可以依据需要来操作电发火装置，向敌人进行射击。

能不能让士兵像变色龙一样拥有一身保护色呢？

士兵参加各种军事演习时往往会身穿迷彩服，这样一来，就不容易被敌人发现了。那么，如果让士兵的服装可以像变色龙一样随着环境的变化而变色，不是更能提高隐蔽性吗？这种设想能不能实现呢？

事实上，科学家已经着手对这方面进行研究，并取得了不错的成果。他们研究出来的材料能随着光照、热辐射或其他物理变化而自动改变颜色呢！据说，用这种材料制成的军服能在瞬间变成与周围环境相适应的颜色。例如在普通光照下呈军绿色；在夜间呈黑色；而更神奇的是，当受到核爆炸的光辐射时，能瞬间变成白色，从而大大减轻光辐射对人体的危害。这种衣服就像变色龙的皮肤一样，很好地保护了士兵，避免他们暴露在敌人

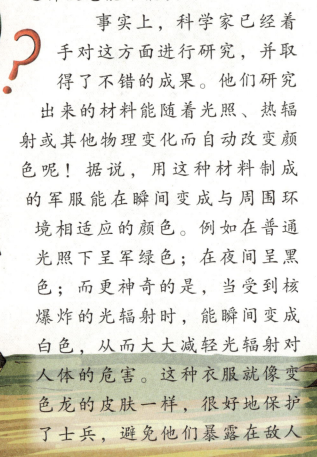

面前。

除此以外，这种技术也可以应用于其他武器设备的伪装上。比如一种涂在坦克、飞机上的变色油漆，能在阴天呈暗绿色，夜间或受到红外线照射时呈黑色。

迷彩服的**种类**

普通迷彩服分为城市迷彩服、雪地迷彩服、戈壁迷彩服、丛林迷彩服等。看它们各自的名字你就会发现，这些迷彩服只能在特定的环境中使用。当然，如果前面提到的变色迷彩服能够得到广泛的应用，迷彩服就不用分成这么多的种类了。

变色龙的**特异功能**

变色龙身体上长满了颗粒状鳞片，具有一种能随景变色的特异隐身功能。这种功能使变色龙可以根据所处环境的色彩、亮度，随时改变自身的皮肤颜色，时而呈褐色，时而呈绿色，甚至变成黑色或黄白色，从而与周围景色完全融为一体。

能把激光当作武器吗？

把激光当作武器，制造一把激光枪？注意，这里所说的是激光枪，而不是机关枪。激光到底能不能当作武器呢？在回答这个问题之前，让我们先来了解一下激光吧！

打开激光器，激光束会沿着直线到达目标，其速度快得让你根本看不到它在移动。大多数激光一点儿都不危险，你也许会问，在外科手术中不是会用激光"切除"病变部位吗？怎么可能不危险呢？一般情况下，激光在很短的距离内才会起作用，距离较远时，激光就没有杀伤力了。

如果是近距离射击，是否可以把激光当作枪来直接对敌人开火呢？这在过去是不行的。首先，激光枪需要大容量

的电池，将电能转换成高度集中的激光束，才能完成射击；其次，这个转化过程会造成温度过高，于是又需要冷却系统。这样一来，制造出来的激光枪不知会有多笨重呢，你拿得起来吗？不过别担心，在科技高速发展的今天，有的激光枪不仅方便携带，而且还有很长的射程呢！

用激光枪打蚊子

你听说过可以用激光枪消灭蚊子吗？它是怎么做到的呢？首先，激光枪会发出红外线，对周围的情况进行探测。如果发现障碍物就会自动锁定，然后根据障碍物的振翅频率，它能轻易地判断出这个障碍物的身份——是蚊子还是其他昆虫。只要认准它是蚊子，激光枪就会发出一系列无害的激光进行瞄准，当确认附近没有其他障碍物以后，才射出一束有杀伤力的激光将目标击落。沦为激光枪目标的蚊子，有的会因为高温而死，有的会因为翅膀被烧焦而丧失飞行能力。

为什么被"粉身碎骨"后的大蒜就变臭了呢？

你是否有过这样的苦恼——吃饺子的时候，如果再搭配一碟醋、几瓣大蒜，味道就会变得更好。可是吃完蒜后，嘴里会留下一股蒜臭味，就算刷牙也很难彻底除掉这股令人懊恼的气味。这究竟是为什么呢？

其实，整瓣的大蒜并没有难闻的气味，只有被"粉身碎骨"后才会发出强烈的蒜臭味，因为大蒜中含有一种具有催化作用的酶。当大蒜被咀嚼、切割或捣碎后，这种催化酶就会释放出来，将大蒜中的一种原本无味的物质分解成"大蒜素"，大蒜的蒜臭味就是

它产生的。为什么这种气味不易去除呢？原来，大蒜素是一种具有挥发性的物质。当大蒜进入人的肠胃以后，大蒜素总是会从口腔中飘出来，因此无论你刷几次牙，都是治标不治本的。而且，吃过大蒜后，身上排出的汗都会带有蒜味，难闻极了！

你吃大蒜了，还是离我们远一些吧！好臭啊！

吃大蒜有什么**好处**呢？

真烦人！既然吃了大蒜以后嘴里会有异味，我们为什么还要吃呢？大蒜究竟能给我们带来哪些好处呢？大蒜中含有丰富的维生素及钙、铁等微量元素，对人体健康非常有好处，而且大蒜还有很强的杀菌效果，使人不容易生病。

如何**去除**嘴中的大蒜味？

吃大蒜有这么多好处，以后可得多吃点儿！可是怎么除掉嘴里的味道呢？不用担心，吃过大蒜后喝一杯牛奶，就可以有效去除蒜味了。除了牛奶以外，柠檬、柚子、蜂蜜和茶叶都有去除蒜臭的功效。

水为什么不能燃烧？

几乎所有的人都知道水是不能燃烧的，但并不是每个人都知道水为什么不能燃烧。也许你已经通过一些书籍了解到，水可以由两种气体发生化学反应后生成。一种是可以帮助物质燃烧的氧气，另一种是非常容易燃烧的氢气。那么，水就应该更容易燃烧了，可事实为什么会恰恰相反呢？

其实，当氢气和氧气反应以后生成了水，这两种物质就不存在了。也就是说，水产生以后，既没有了

帮助物质燃烧的氧气，也没有了容易燃烧的氢气，只有一种新生成的物质——水。每种物质都有各自的性质，水不能燃烧只是水这种物质所具有的性质，与水的形成过程没有任何关系。现在你明白了吧！

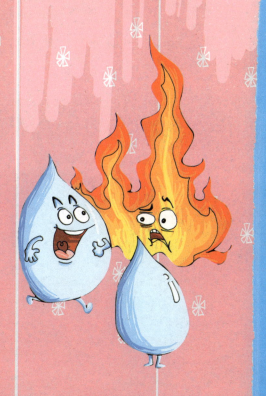

为什么不能用水给油锅灭火？

这是因为水比油密度大。油锅起火时，用水来灭火，水却沉在了油的下面。这样油依然能与空气中的氧气接触到，因此不能起到灭火的作用，反而会增强火势，造成更大的危害。

怎样快速地把水分解成可以燃烧的燃料呢？

我们常用电解水的方法来获得可作为燃料的氢气，也就是在水中通入直流电，使水分解成氧气和氢气。但是，这种方法生成氢气的速度会比较慢，很难满足用氢气做燃料的需求。那么，如何加快水的分解呢？方法很简单，我们可以在水中加入食盐等物质，使水的导电性增强，这样就会加快水的电解，也可以提高水的温度，水分子就会比较活跃，便能够加快电解的速度了。

水越深压力越大，生活在深海里的鱼难道不怕压力吗？

当你站在游泳池里时，如果水面没过胸部，就容易感觉闷得慌。那是因为水是有压力的，水的压力随着深度的增加会越来越大。那生活在深海里的鱼为什么能游动自如，难道它们不怕强大的水压吗？

原来，为了适应环境，深海鱼的身体构造早已发生了巨大的变化，这些变化反映在它们的骨骼和肌肉上。由于深海环境的巨大水压作用，深海鱼的骨骼变得非常薄且容易弯曲，肌肉组织变得特别柔韧，纤维组织变得出奇的细密。更有趣的是，深海鱼的鱼皮组织变成一层非常薄的膜，它能使鱼体内的生理组织充满水分。这样一来，水不仅存在于鱼的身体外部，同

时也存在于鱼的身体内部，身体外部和内部的水有相同的压力，从而保持了身体内外压力的平衡。

但是，深海鱼一生都只能生活在水底世界里，一旦浮出水面，它们的身体就会像升空的气球一样，逐渐膨胀直至胀裂，因为它们的身体不能适应水面上的低压。

为什么海鱼的肉不是咸的呢？

生活在海水中的鱼分为硬骨鱼类和软骨鱼类两大类，它们通过不同的方式将盐分排出体外。硬骨鱼类的鳃内有一类功能特殊的细胞，能够将经过浓缩的盐分随黏液一起排出鱼体外；而软骨鱼类的血液中含有高浓度的尿素，这种物质可使其血液浓度高于海水浓度，从而减少盐分的渗入。

海浪蕴藏着巨大的能量，可不可以用它来发电呢？

在一望无际的海洋上，海浪威力无比，它能使在大海上行驶的船只摇摆不定，甚至还能将其掀翻。由此可以看出，永不休止的海浪蕴含着巨大的能量。

我们可不可以用它来发电呢？科学家告诉我们的答案令人惊讶——如果无限地将海浪蕴含的能量全部转换成电能，那么海浪每年发出的电量，将比全人类目前的耗电总量高出很多倍呢！而且，

这种发电技术不会消耗任何燃料，也没有任何污染。

如何把海浪蕴含的能量全部转换成电能呢？科学家经过研究，终于开发出了一种可以利用海浪发电的装置。

虽然海浪可以用来发电，但是它反复无常、千变万化，要想使海浪发电进入我们的日常生活，还要解决很多难题。相信在不久的将来，波涛汹涌的海浪一定能造福于人类。

酷似茫茫大雪的海浪泡沫

海浪泡沫的奇观并不常见，而且泡沫也不会存在很长的时间。海浪泡沫主要是因暴雨将陆地上的有机物质带到海洋中，然后又受到海浪的冲击形成的。如果海浪泡沫大量堆积在沙滩上就会形成泡沫奇观，酷似茫茫大雪覆盖海滩，十分漂亮！

河水为何总是先从表面开始结冰呢？

当冬天的脚步越来越近的时候， 你有没有留意过，河水是如何结冰的呢？通过观察你就会发现，河水通常会从表面开始结冰，甚至在一整个冬天里，河底的水都可能没有冻结实。这就是为什么在冰面上的人可能会掉进或大或小的冰窟窿的原因。那么，河水为何总是先从表面开始结冰呢？

原来，在寒冷的冬天到来以后，气温逐渐下降，河表面的水与外界空气直接接触，温度最先开始降低，而河底的水温则相对较高。你知道吗？水会由温度较高的地方向温度较低的地方流动，这是水的对流现象。于是河底的水会不断上升，河面的水会不断下降。慢慢地，等到河面与河底的水温几乎没有差别的

海水为什么不易结冰?

首先，海水中的盐导致海水结冰时的温度降低。也就是说，在气温降到0摄氏度左右时，淡水渐渐结成冰，而海水却不会结冰。其次，海水中的对流作用时时刻刻进行着，这大大阻碍了海水结冰。最后，洋流、海风等环境因素也会对海水造成很大的影响。这些因素都使得海水较难结冰。

冬天里，湖水结冰以后，为何显得不透明了呢?

冬天里，湖底的温度要比湖面的温度高，因此，湖底温度较高的湖水会向温度较低的湖水表面上涌，形成对流，因而导致湖水中的杂质被搅动起来，所以冬天结冰的湖看上去不透明了。

时候，水就基本不再上下流动了。当河面的水温降到0摄氏度时，河水的表层就开始结冰了。只有当外界非常寒冷的时候，河水底层才会同样结冰。否则很可能只是河水表层结了薄薄的冰，这时千万不要跑去滑冰，那是很危险的。

冰块怎么会粘在你的手上呢？

冰的温度一定是0摄氏度吗？

水从0摄氏度的时候开始结冰，但冰块的温度却不一定是0摄氏度。如果外面的气温是零下30摄氏度，那么放在外面的冰还能保持0摄氏度的"高温"吗？如果将冰块和干冰等制冷剂放在一起，这时冰块的温度肯定在0摄氏度以下。

在炎热的夏天，我们喝饮料喜欢在里面加几块冰，这样喝起来才凉爽。但你有没有发现这样一个有趣的现象：当我们从冰箱里拿出冰块时，手上的热量会传递到冰块表面，使得冰块的表层融化成水，但由于冰的存在，手表面的温度逐渐变低，这

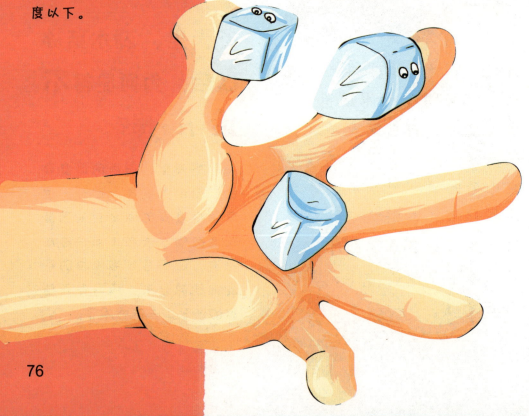

就使融化的水又结成了冰，最终手和冰块就会粘在一起。特别是用湿淋淋的手抓冰块时，冰块粘在手上一时半会儿都掉不下来。这时候如果不及时用温水泼到手上，手指就很可能会冻伤。

不仅如此，如果你将两块冰从冰箱中拿出来，然后放在同一个容器中，没过多久，这两块冰就会粘在一起，这是怎么回事呢？其实，冰与冰之间是没有黏性的，之所以会粘在一起，也是水结成了冰的缘故。当冰块放入容器中，冰块的表面会融化成水，而同时冰块附近的空气温度会逐渐降低。如果两块冰恰好离得很近，它们互相接触的那一面的水就会结冰，这样两块冰就被冻在一起了。

为什么在**高山上**不容易**煮熟饭**？

如果你在高山上煮饭，一定遇到过这种尴尬的情况：煮饭的锅里水蒸气直冒，水已经沸腾了好久，但锅里的米就是不熟，这是怎么回事呢？

原来，水沸腾时的温度（称为沸点）容易受到大气压的影响，大气压越高，沸点就越高；而大气压会随高度的上升逐渐降低，高山上的气压低，水还没烧到100摄氏度就会"咕嘟咕嘟"地冒泡了，所以饭就不容易被煮熟了。那么，有没有一种在高山上能使用的锅，可以将锅内的压力提高到正常的大气压，使水沸腾的温度可以达到100摄氏度呢？

聪明的你一定想到了厨房里的高压锅。你知道高压锅是怎么工作的吗？它是

一个密闭的容器，水受热蒸发产生的水蒸气不能扩散到空气中，只能保留在高压锅内，再继续加热，锅内水蒸气的压力会逐渐升高，锅内水的沸点也会升高，那样锅内的温度也会随之上升，甚至超过100摄氏度。这样即使在高山上也能很快煮熟饭啦。

普通锅和高压锅的区别很大，你很容易就能将它们区别开来。大多数普通锅的锅身薄而锅盖松，水蒸气在水沸腾后容易溢出，锅内的温度不会高于100摄氏度；而高压锅的锅身厚，锅盖封得严严实实，上面还有控制压力的阀门。

为什么**粥**烧开了会**溢出来**，而水却不会？

煮粥时，人们经常会在旁边看着，怕它溢出来；而烧水时，人们就会放心地不在旁边照看，因为我们都知道水不会溢出来，这是怎么回事呢？

原来，在烧水的过程中，会产生大量的水蒸气，它在往水面上升的过程中变成了气泡；而这些气泡很容易破掉，不会积聚起来，所以水煮沸了不容易溢出来。

然而煮粥的时候，情况就略有不同了，因为锅里除了水还有米，二者混合在一起就变成了"淀粉溶

液"，这便增加了液体的黏稠度。当水蒸气以气泡的形式从粥中跑出来的时候，气泡外面就包了一层黏黏的淀粉膜，这使得气泡不容易破掉。由于上升的气泡越来越多，等到锅里装不下时，就溢出锅外了。这种溢出的现象在煮牛奶的时候也经常会发生，因为牛奶同样也具有一定的黏性，所以妈妈在给你煮牛奶的时候，通常就不能干其他事情了，必须守在那里才行。

煮牛奶时表面为何会形成一层奶皮？

鲜奶中含有丰富的脂肪、蛋白质、乳糖等营养物质，它们有的溶解在水中，有的分散在水中。当我们把牛奶煮沸后，牛奶黏度下降，在静置冷却的过程中，牛奶中的营养物质会上浮，最后在牛奶表面形成一层薄膜，俗称奶皮。

煮粥的时候，粥的表面往往也会出现一层粥皮，那可是更容易被人体吸收的营养物质。

在阳光下**闭上眼睛**，看到的为何是红光？

透过玻璃能清楚地看到外面的景象，透过半透明的塑料看到的却是一片模糊的景象，想想看，透过不透明的身体能看到什么呢？你肯定会说：身体不透明，肯定什么都看不到喽！话虽如此，但是，如果你在阳光下闭上眼睛，就会看到一片红色。这到底是怎么回事呢？

人们在阳光下闭上眼睛能看到一片红色的景象，说明人的皮肤、肌肉组织是能透光的。眼皮里面有无数条毛细血管，里面流动的是鲜红的血液。当你闭上眼睛，就像隔着红色的毛玻璃看景物一样，于是眼睛看到的就是一片红色了。用手电筒在闭合的手掌上照射，手掌呈现出红色，也是这个道理。

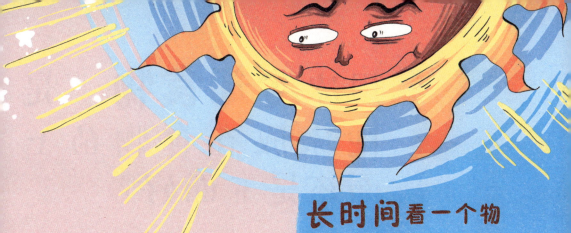

事实上，世界上几乎没有绝对不透光的东西，即便是坚硬的金属，把它们切成很薄的薄片时，也能够透过光线。

长时间看一个物体，为什么会眼花呢？

不知道你有没有遇到过这样的情况，如果长时间看一个物体就会变得眼花，比如把黑色的字当成了墨绿色。眼睛为什么会出现这种错觉呢？

这是因为我们眼睛中有一种特殊的锥状细胞，能区分绿色、红色和蓝色的光。如果长时间盯着一个单色的物体，负责这个颜色的锥状细胞就会因为疲劳而停止工作，所以你就会出现错觉。因此，我们一定要爱护眼睛！

用冰冷却食物，是把冰放在食物的上面还是下面好？

炎炎夏日，人们都喜欢吃一些用冰冷却过的食物，比如冰镇西瓜，吃到嘴里有一股清凉的感觉，别提多舒服了！你会不会认为，我们用冰冷却食物，就像用火加热食物那样，把食物放在冰的上面比较好呢？事实上，用冰冷却食物和用火加热食物是有区别的。

加热食物时，如果我们把锅放在火的上面，受热而上升的热空气会把锅包围起来，锅里的食物就能很快被加热。而用冰冷却食物时，如果把食物放在冰的

上面，冰上方的空气受冷后就会下沉，这时周围的热空气不断流过来补充，结果得到冷却的只有食物下面的一部分；如果把食物放在冰的下面，被冰块冷却的空气便会很快下沉，给食物四周罩上一层冷气，于是就能将食物很好地冷却了。不过，可不要用冰去冷却还散发着热气的食物哟！

0摄氏度的冰和0摄氏度的水哪个冷却食物效果好？

0摄氏度的冰比0摄氏度的水冷却效果要好。因为在冷却的过程中，水和冰都要不断吸收食物中的热量，水吸收了热量后温度就会上升，导致冷却效果越来越差；而冰在没有全部融化前，会保持在0摄氏度，而且冰在融化成水的时候还会吸收更多的热量。

久置的**葡萄酒**，它的**颜色**会变深还是变浅？

刚刚酿造的红葡萄酒色泽鲜红，这么漂亮的葡萄酒放置久了，颜色会不会发生变化呢？事实上，红葡萄酒随着年代的增加颜色会变浅。这么奇怪的现象究竟是如何发生的呢？

其实，葡萄酒颜色的变化是一系列非常复杂的化学反应。红

葡萄酒是用不去皮的葡萄发酵制成的。在这个过程中，一种叫作花青素的酚类物质会从葡萄皮中析出，并进入葡萄酒中。随着时间的推移，微量的氧气和花青素等酚类物质相互反应，形成一种有颜色的物质——单宁酸。经过一定的时间，这些单宁酸便使酒变成了砖红色。但时间久了，部分单宁酸会在酒中慢慢沉淀，于是红葡萄酒放久了颜色就会变浅。

葡萄酒的保健价值

葡萄酒不仅糖分少，而且酒精含量也少。长期饮用葡萄酒不仅可以促进消化吸收、软化毛细血管，还具有美容养颜和减肥的作用。虽然如此，葡萄酒毕竟也是酒，所以千万不要贪杯哟！

龙眼也能酿造葡萄酒

我们都知道葡萄酒是用葡萄酿造的，龙眼真的能酿成葡萄酒吗？其实，用龙眼酿造的葡萄酒可是葡萄酒中的极品。因为龙眼葡萄酒营养丰富、酒香醇正而淡雅，是滋补的佳品。龙眼除了酿造干白葡萄酒之外，还可以酿制起泡葡萄酒和甜葡萄酒等。

冻豆腐为什么会有小孔？

你喜不喜欢吃冻豆腐呢？ 的确，与普通的豆腐比起来，冻豆腐有一种不一样的味道。除了味道，你也许对冻豆腐的样子也感到好奇吧。为什么它全身有那么多小孔呢？

原来，普通的豆腐内部就有无数大小不一的小孔，这些小孔里面都充满了水分，只是我们没有发觉而已。当豆腐的温度降到0摄氏

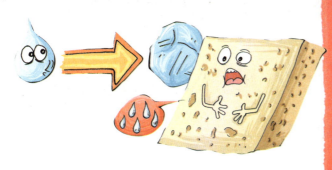

度以下时，里面的水分就会结冰。结冰以后，豆腐里的面貌就要发生变化啦。

你知道吗？水和其他物质不同，它在4摄氏度时的体积最小，到0摄氏度结冰时，体积反而会变大，而且比常温时的体积还大些。于是，豆腐里的小孔便被水分结成的冰撑大了，整块豆腐就被撑得"千疮百孔"。等到冰化成水从这些孔里跑掉以后，被小冰粒撑开的大孔再也不能复原了。冻豆腐经过烹调，这些孔里都灌进了汤汁，吃起来不但富有弹性，而且味道也格外鲜美。

为什么豆腐和菠菜不能一起煮？

豆腐有很多种吃法，可以和很多食物搭配着一起吃，但是菠菜除外。这是为什么呢？原来，菠菜里含有一种叫草酸的物质，豆腐里含有丰富的钙质，两者若同时进入人体，可在人体内发生化学反应，生成难溶解的草酸钙，而人体内的结石正是草酸钙等难溶解的物质沉积而成的，因此最好不要把菠菜和豆腐一起煮着吃。

为什么吃太多的**胡萝卜皮肤会变色**？

吃太多的胡萝卜当然不好，但是如果有的人饿极了，而身边只有胡萝卜这一种食物，或者偏爱胡萝卜的味道，于是一次就吃了很多胡萝卜。然后，会出现一个可怕的结果——拉出的大便还是原来的颜色，可他的皮肤却变成了胡萝卜一样的橙色，这是什么原因呢？

其实，不仅仅是吃了过多的胡萝卜，你的皮肤会改变颜色；如果是其他水果吃太多，你的皮肤颜色同样会发生变化，比如吃太多橘子也能使皮肤变黄。皮肤变色以后，通常

是哪个部位的变化更加明显呢？首先会发现你的手掌已经变成了和胡萝卜一样的橙色，如果再吃下去，会发现自己的鼻孔周围和眼皮也会出现明显的橙色。

这是因为你所吃的这些食物中含有大量的胡萝卜素。过多的胡萝卜素在皮肤上沉积，就导致皮肤变为橙色。不过你也不必过度担心，一般来说，只要停止食用，过段时间皮肤颜色就会恢复正常了。

黄瓜片贴多了，脸会变绿吗？

在电视里，经常会看到有些女性在脸上贴黄瓜片。可是，我们吃过黄瓜后，舌头不是会变绿吗？那么，黄瓜片贴多了脸会不会也变绿了？

其实，你大可不必担心，因为将舌头染绿的色素主要存在于黄瓜皮里，而贴在脸上的一般都不是黄瓜皮，所以不用担心脸会变绿。女性之所以将黄瓜片贴在脸上，是因为这样可以对皮肤起到补水作用。

用电风扇吹雪糕，它能融化得慢一些吗？

夏天一来，风扇就变得忙碌了起来，它那几片"小翅膀"每天都疯狂地转个不停。风扇累了，我们却凉爽了。那我们是不是可以给雪糕吹风扇，让雪糕也保持凉快呢？这样雪糕就不容易化掉啦。

其实，风扇在工作的时候，室内温度不但不会降低，反而会升高。这是由于风扇在不断消耗能量散热的缘故。那为什么我们还会觉得凉爽呢？原来，是由于空气的流动带走了皮肤表面的热量和汗液，而汗液蒸发又会吸收大

量的热量。

因此，虽然风扇可以使我们觉得凉爽；但是如果用风扇吹着雪糕，它反而会融化得更快了，因为风扇使得空气流动更快了，周围的空气比雪糕的温度高，雪糕会吸收更多的热量而加速融化。所以，你如果不想让雪糕融化，就不要把它放在风扇下面吹啦。

冰块有什么用处呢？

冰块除了可以放在冷饮中，还有很多用处。比如当一个人高烧不退时，可以用冰块降温；当身体受到碰撞而血肿了，可以马上用冰块冷敷来减轻血肿；此外，冰块还可以止痒止痛、治疗烫伤和皮炎等。总之，冰块可是个喜欢帮助别人的"热心肠"哟！

93

谁能把一个生鸡蛋变成一颗炸弹？

你相信吗？ 在特定的环境下，一个小小的鸡蛋真的会变成一颗"可怕的炸弹"，而这个不受欢迎的魔术师就是厨房里面的微波炉。那么，微波炉到底是怎样把一个生鸡蛋变成一颗炸弹的呢？

让我们先来看看微波炉的加热原理。与传统的蒸煮加热不同，微波炉是通过微波使食物中的水分子相互摩擦而产生热量，从而达到快速加热食物的目的。当用微波炉加热鸡蛋的时候，鸡蛋里的水分子也会相互摩擦而产生热量。同时随着鸡蛋的温度不断升高，其中的水分就会变成水蒸气。当水蒸气不断产生，鸡蛋就会

像吹胀的气球一样炸开，而这一过程只需要短短的几分钟。因此，鸡蛋不能用微波炉加热。

怎样安全使用
微波炉？

微波炉给人们的生活带来很大的方便，但是一定要建立在安全使用的基础上。凡是带硬壳或者带皮的密封食品，必须进行开封处理才能用微波炉加热。另外，也可以在烹饪前将有膜、带壳、密封的食物用牙签、针等扎出一些小孔来，以确保安全。

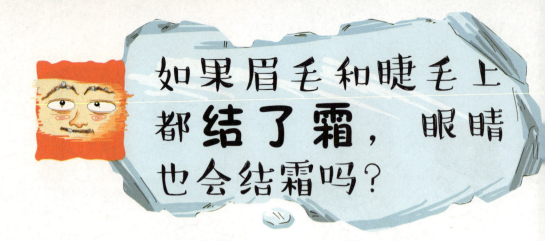

如果眉毛和睫毛上都**结了霜**，眼睛也会结霜吗？

在冰天雪地的北方生活的

人们，眉毛和睫毛上有时会结上一层白色的霜。这是因为从人们口中呼出的热气，遇冷迅速凝结成小冰晶造成的。那么，人的眼睛会不会也结霜呢？放心好了，眼睛是不会受到任何影响的。

想想看，眼睛除了在人睡觉的时候是闭着的，在其他的时候，眼睑不断开合、眼球不断转动，从而产生丰富的热量，即使天气再冷，眼球表面的温度也都在10摄氏度以上，所以，眼睛是不会结霜的。

耳朵和鼻子为什么容易冻伤呢？

在寒冷的季节里，为什么我们的耳朵和鼻子往往感到非常冷呢？那是因为耳朵和鼻子突出在头部的表面，体积小，接触空气的面积却大，所以热量很容易散失。尤其是耳朵，它只是薄薄的一片，两面都是皮肤，与空气接触后，耳朵本来很少的热量很快就被冷空气吸收了。此外，血液从心脏流出来时温度还比较高，越向外流，温度就越低，而耳朵和鼻尖正处于血管末梢的位置，当血液流到这些地方时，温度就更低了，所以鼻尖和耳朵最容易冻伤。

为何不能让**斑马**成为我的**座驾**？

你知道吗？ 有一种马是不能骑的，那就是斑马。这究竟是什么原因呢？其实，很久以来，人们都一直想要驯服并驾驭斑马，训练成功的例子也有一些，但斑马还是不能像马一样成为人类的好帮手。

斑马之所以不能成为我们的座驾有几个重要的原因：首先，斑马的背部形状特别，不适合安放马鞍；其次，斑马的脖子虽然粗壮，但却非常僵硬，不适合安放供人抓握的缰绳；最后，斑马的脾气没有马温驯，有时脾气很坏，甚至很暴躁，而且很容易受到惊

吓，也不喜欢按照人类的吩咐去做事。

由于斑马体格强健，一些对骡子和马致命的疾病对斑马没有任何影

响，所以即便训练斑马也需要很长的时间和超强的耐力，人类还是没有放弃对斑马的驯化。

马蹄也要穿上"鞋"

因为是用铁制成的，所以人们把马蹄能穿的"鞋"叫作马蹄铁。这种马蹄铁很大程度减少了马蹄与地面的摩擦，以及积水对马蹄的腐蚀，对马蹄起到了重要的保护作用。

你知道斑马的祖先吗？

斑马和马有着共同的祖先，那就是始祖马。最早的始祖马只有狐狸那样大，拿着青龙偃月刀的关羽要是骑在上面，始祖马会被压得连腰都直不起来。始祖马与现在的斑马和马都有着很大的区别——它长着十分柔软的脚掌，根本没有大蹄子，牙齿也又短又小，只能吃些鲜嫩的软草和树叶，而不能像现在的斑马那样啃食较硬的草类。

能用**火炮**代替**火箭**吗？

在电视或电影中，我们经常能看到硝烟弥漫的场面，而造成硝烟弥漫的元凶之一就是火炮。虽然火炮的"脾气"很大，但它的结构很简单，由炮身和炮架两部分组成。它是战场上的主要力量，具有较远的射程、较大的火力和较高的机动性。其实，火炮还是个有气就得发出来的"直性子"。当火药被点燃后，就会在炮身内形成很大的压力，它会直接将弹丸抛射出去。那么，能用火炮代替火箭吗？

火炮和火箭虽然都是"火字辈"的兄弟，但是脾气却不一样。火箭是个"慢性子"。当火箭发动机被点燃后，推进

剂会在火箭的发动机内燃烧并产生大量的高压气体，高压气体再从喷管喷出，使火箭不断前进；但这种燃烧并不是一次完成的，而是从底层向顶层或从内层向外层持续燃烧，只有这样才能给火箭提供持久的动力，使它不会从半空中掉下来。

如果用火炮代替火箭，那么很可能炮弹还没走多远就由于动力不足，而从半空中掉落下来了。所以，火炮和火箭是不能相互替换的。

气球被放气时为什么会"飞走"呢？

当我们把气球的气放出来的时候，为什么气球会噌的一声飞走呢？原理和火箭有些类似。气球的"肚子"里面装满了气体，当你打开出气口后，气体会从出气口喷射出来而产生反作用力，这个力就会推动气球前进了。

热气球是怎样飞行的呢？

与火箭不同，热气球是利用空气浮力飞行的，就像船浮在水上，只不过热气球是"浮"在空气中的。热气球主要通过自身携带的加热器来调节气囊中空气的温度，从而达到控制气球升降的目的。

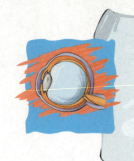

我们眼中的**世界**是颠倒的，你相信吗？

真奇怪！为什么从镜子中看自己是左右颠倒的呢？如果你不信，可以自己试试！你伸左手时，镜子里的自己伸的却是右手。既然镜子可以颠倒左右，那么有没有能够颠倒上下的东西呢？

千万别惊讶！这个能够颠倒上下的东西就是照相机。它的内部有一个透镜，当光线通过透镜以后，照相机后面的胶片上就会产生上下颠倒的影像了。让你想不到的是，眼睛和照相机的成像原理一样。在眼睛里也有个透镜一样的东西，光线进入后，就会在视网膜上产生上下颠倒的影像。那为什么我

任何人都适合戴隐形眼镜吗？

隐形眼镜既漂亮又时尚，很多戴眼镜的人都想尝试一下，但并不是所有的人都适合佩戴隐形眼镜。如孕妇、老年人、有过敏症和患有眼部疾病的人都不适合佩戴隐形眼镜，因为这些人眼部抵抗力弱，容易出现炎症。

们看到的世界并没有上下颠倒呢？原来，我们的大脑会将成像信息倒转过来，所以我们就能够看到正立的影像了。天啊！这太让人难以置信了——我们的眼睛竟然一直在"看"颠倒的世界！不过，这却是事实。

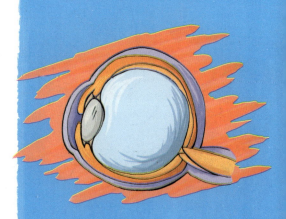

汽车会自燃，人体会不会**自燃**？

有时候由于电路发生故障，汽车开着开着就会突然着起火来。可是，人体有时候竟然也会好端端地着起火来！据说，一个英国女孩在跳舞的时候就忽然发生了自燃，当时她的全身一刹那变成了一个熊熊燃烧的巨大火柱；虽然有人飞速地找来了灭火器，可是在使人望而生畏的蓝色火柱面前，灭火器一点儿作用都没有。那么，导致人体自燃的原因到底是什么呢？目前，学术界较为公认的解释是"烛芯效

应"。按照该说法，穿着衣服的人体就像一个里外反转的大蜡烛，衣服是烛芯，人体的脂肪是蜡。当身上的衣服被点燃后，皮肤也会跟着烧起来，不久就被烧得脱落了。这时，皮下的脂肪会把身上的衣服浸湿，于是衣服便成了"烛芯"。人体内的脂肪源源不断地为燃烧提供燃料，直到最后，所有的脂肪都被烧完。

人的脂肪是什么颜色的？

人的脂肪一般呈黄色。由于每个人的饮食习惯不同，这种黄色有深有浅——如果饮食清淡，那么脂肪的颜色也会比较浅，甚至透明；如果平常喜欢吃一些油炸食物，脂肪的颜色就会显得混浊，但最多是泛黄，不会太深。

酒精灯为何不能像蜡烛一样用嘴吹灭？

每次过生日的时候， 我们都会在生日蛋糕上插很多蜡烛并点燃，然后在心里默默地许下一个愿望，最后一口气把所有的蜡烛都吹灭。既然蜡烛可以用嘴吹灭，为什么酒精灯却不能用嘴吹灭呢？

这是因为，如果用嘴吹酒精灯，可能引起灯内的酒精燃烧而发生危险。从形状上看，酒精灯就像个"头小肚子大"的小胖子。为了让露在外面的灯芯一直都有酒精，所以在灯芯和灯芯套之间保留了一定的缝隙。这个缝隙有利于保持灯芯一直都能够燃烧，但同时也让空气趁机"钻"进了灯内。空气在酒精灯内就会与酒精蒸气混合在一起，而且酒精灯内的酒精越少，这种混合气体就越多。这就为酒精灯的使用埋下了安全隐患。当用嘴吹

正在燃烧的酒精灯时，就有可能将火焰从缝隙吹入灯内。从缝隙进来的火焰会迅速点燃灯内的混合气体而发生危险。

怎样正确熄灭酒精灯呢？

只要掌握使用酒精灯的正确方法，它还是非常安全的。每当加热完毕需要熄灭酒精灯时，可用灯帽将火焰盖灭。如果是玻璃灯帽，盖灭后还须再重盖一次，这样可以放走酒精蒸气，让空气进入，免得冷却后盖子拿不下来。

蜡烛燃烧的并不是石蜡，那到底是什么呢？

这怎么可能？蜡烛燃烧的时候，明明能看到石蜡在渐渐熔化。其实，石蜡在熔化后又会变成石蜡蒸气。石蜡蒸气才是可燃的，而石蜡本身并不可燃。所以，蜡烛燃烧的并不是石蜡，而是石蜡蒸气。

同在一个屋子里，为何有的人被**蚊子咬**，而有的人却不会被咬呢？

你一定憎恨过蚊子吧，憎恨它常常在你身上咬出大大小小的包，让你瘙痒难忍，更讨厌的是，它还不懂得"一视同仁"，专挑你咬，却放过其他人。

这太不公平了，多羡慕那些不挨蚊子咬的人啊！蚊子为什么不去咬他们呢？

我们知道，每个人身上都有不同的体味——有些人身上散发的体味会令蚊子不愿靠近；而有些人身上散发的体味恰恰是蚊子喜欢的，其汗液中含有大量招引蚊子的化学物质。

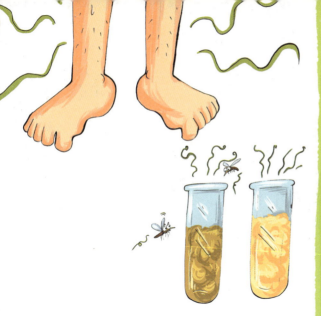

为什么被蚊子咬后皮肤会**发痒**？

蚊子叮人的同时，会分泌唾液注入人的皮肤里，唾液里含有一种抗凝物质以防止人的血液凝固，而这种抗凝物质会使被叮咬处的皮肤出现局部过敏，这就是发痒的原因了。

绷紧的肌肉会让蚊子无可奈何

你知道吗？当人体处于放松的状态时，肌肉会比较松弛，这就给了蚊子下嘴的机会；而当我们的肌肉绷紧以后，就会使肌肉有了一定的硬度，蚊子就无可乘之机了。

除了体味这个原因之外，蚊子还特别爱叮咬那些体温高、脂肪多、不常洗澡的人。如果你特别受蚊子的青睐，那就想一想，自己符合上面哪一条呢？

使用蒸屉和微波炉加热的食物，哪个冷却得更快？

在微波炉没有发明之前，人们加热食物都是将其放在蒸屉上，利用水蒸气进行加热的。加热过的食物当然不能马上就吃，必须等食物的温度降下来，否则会被烫伤。你知道用蒸屉和微波炉加热的食物，

哪个冷却得更快吗？想要弄清楚这个问题其实很容易，在爸爸妈妈的帮助下，分别用蒸屉和微波炉加热一下食物，然后等一段时间就知道啦。通过实验我们会发现，用微波炉加热的食物比用蒸屉加热的食物冷却得更快。这是什么原因呢？

原来，在用蒸屉加热食物的过程中，实际上也给食物带来了水分，而微波炉反而将食物中的水分带走了。其实，仔细观察用两种方式加热后的食物，你就会发现，用微波炉加热的食物很干。你知道吗？食物的冷却与水的含量有密切关系，水分越多越不容易冷却，水分越少则越容易冷却。所以，用微波炉加热的食物更容易冷却。

为什么被100摄氏度的水蒸气烫伤，比被100摄氏度的水烫伤更严重？

100摄氏度的水蒸气之所以厉害，是因为它接触皮肤的时候由于体温与水蒸气之间存在温差，使得水蒸气液化成水，这是一个放热过程，因此造成了更大的伤害。不过100摄氏度的水只有热传递过程，没有气态变液态的放热过程，所以造成的伤害会小一些。

为何**倒果汁**时速度过慢，果汁就会洒出来呢？

想想自己有没有碰到过这样的情形——妈妈

从超市买回来大瓶的果汁，却不允许你抱着大瓶子"咕嘟咕嘟"地喝，而是必须倒进玻璃杯里。当你往杯子里倒的时候，如果速度过慢，饮料很容易就会顺着瓶壁洒在桌子上。其实，不仅仅是倒大瓶的饮料，倒纸盒或袋子里的牛奶也会出现这种情况。这是怎么回事呢？

原来，当你将装满果汁的大瓶子倾斜以后，里面的果汁表面就会升高，对瓶口处形成压力。瓶子越倾斜，这个压力就越大。当你倒果汁的速度很快时，果汁流动的速度就会加快，以至流出瓶口时会沿着一条抛物线的轨迹到达杯子；然而，当你倒

112

果汁的速度很慢时，果汁流动的速度就会减慢，从而导致果汁被吸附在瓶壁上流动。这是液体流动的一种特性——液体会倾向于沿着物体表面流动。

这样说，也许你还不能完全理解，举一个生活中常见的例子吧。当你打开水龙头以后，自来水会形成一个水柱垂直往下流，这时如果用手臂去触碰垂直往下流的水柱，水的流向立刻就会发生变化：水会沿着你的手臂下侧向下流。去试一试吧，注意不要弄湿衣服哟！

隔着瓶子吹蜡烛

除了液体，气体也是流动着的。将一个洗干净的瓶子放在一个燃烧着的蜡烛的正前方，然后站在瓶子另一侧，对准瓶子后方吹一口气，蜡烛同样会熄灭。这个小实验也能解释前面提到的那种效应，因为无论是液体还是气体，它们都有围绕某个物体表面流动的趋势，所以空气会绕过障碍物重新聚合在一起。

能不能防止切开的苹果变色呢？

你一定发现了，苹果被咬了一口，或者被切开以后，放在空气中，过不了一会儿就会变成茶色。实在不怎么好看，都让人没有食欲了。这是怎么回事呢？

其实，完整的苹果被一层果皮保护着，如果放在阴凉的地方，一段时间内是没有什么影响的。可是一旦苹果被切开，果肉与空气相接触，其中的一种物质就会与空气中的氧气发生反应，从而导致苹果变色。这是一个氧化的过程。除了苹果，很多食物被切开以后，都会发生氧化。比如莲藕、土豆等。更遗憾的是，不仅颜色变得难看，就连味道也会发生

变化呢！

　　能不能防止切开的苹果变色呢？其实，只要不让果肉与空气接触就行了。试着将切开的苹果在盐水中浸泡一下，使苹果果肉的表面出现一层盐水膜，这样就很难被氧化，也就不容易变色了。如果你怕盐水会影响苹果的味道，那么把苹果在柠檬水中泡一下也是可以的。不过，这几种方法只能减缓氧化的速度，还不能完全阻止氧化的发生，因此，最好不要把苹果切成小块吃。

如何减缓人体的衰老？

　　你知道吗？人体的衰老也是一个氧化的过程。不过，我们可以多吃一些维生素C含量高的蔬菜、水果，来减缓衰老。比如西红柿、橙子，都是不错的选择。

高温能杀死细菌，冷冻也能杀死细菌吗？

尽管我们用肉眼看不见细菌，但是细菌却无处不在。你知道吗？细菌的繁殖速度与温度的高低有着很大的关系——温度越低，细菌繁殖得越慢；温度越高，细菌繁殖得越快，但是温度太高，细菌就无法生存，就会死亡。因此，高温是一种对付细菌的好方法。想想看，大人们是不是经常把毛巾放在温度非常高的水里进行蒸煮消毒呢？

既然高温能杀死细菌，那么特别低的温度是不是也能杀死细菌呢？细菌非常多，种类不同，细菌有的，最适宜的

116

生长环境及其耐热、耐冷能力也会有所不同。在适宜的温度下，细菌会迅速繁殖；当温度有了变化，并达到某个值的时候，细菌就可能处于休眠状态；而当温度更低或更高时，细菌就会死亡。如此看来，不仅高温能杀死细菌，冷冻也同样可以杀死细菌；不过被冻死的都是一些不耐冷的细菌，对于耐冷的细菌，即使冷冻也不可能将它们冻死，它们只会处于休眠状态，当温度恢复的时候，这些细菌又会继续生长活跃起来。

细菌是从食物中"生长"出来的吗？

19世纪60年代，法国著名的微生物学家巴斯德进行了一个著名的实验——鹅颈烧瓶实验。他在一个普通烧瓶和一个鹅颈烧瓶中分别倒入适量的肉汤，并把肉汤煮沸、冷却，而两个瓶子都没有用塞子塞住瓶口。几天过后，普通烧瓶中已经出现了微生物，而鹅颈烧瓶里的肉汤却依然清澈，没有产生微生物，甚至像这样保存了4年都没有发生任何变化。巴斯德解释说，空气中悬浮着的灰尘和微生物很容易落入普通烧瓶的肉汤中，所以微生物迅速繁殖引起变质；而鹅颈烧瓶中的肉汤，尽管也与空气相通，但是由于空气中的灰尘和微生物都落在了弯曲的瓶颈上，而没有落在肉汤上，所以就不会引起变质了。这种微生物就是细菌。这个实验说明了细菌不是从食物中自发地"生长"出来的。

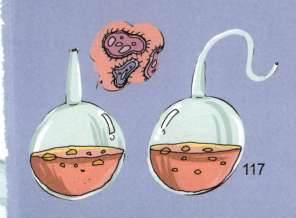

117

怎样才不会使久放的 书报发黄呢？

如果你的爷爷奶奶有收藏书籍的习惯，

你可以央求他们将这些书籍翻出来给你看看。你会发现，在书柜或箱子里尘封多年的书籍可能一改洁白的面貌，纸张全都变成了黄色，这是怎么回事呢？怎样才能防止它们变黄呢？

我们知道，纸张主要是以木材为原料制成的。在造纸的过程中，木材中的纤维素就被转移到了纸张里。正是由于纤维素的存在，纸张才变得非常有韧性。可是，当纸张被印成报纸、书籍以后，空气中的氧气就会和纸里的纤维素发生氧化反应。渐渐地，报纸或书籍就会发黄了。

除此以外，光也能和纸的纤维素发生作用，使纸张变得发黄、发脆。因此，在图书馆的书柜上，往往装饰着一些彩色玻璃，既能对投射到书报上的光线进行过滤，同时也反射掉一部分光线。这样就可以减轻光对纸张的"杀伤力"，从而延长书报的寿命。家里收藏书籍报纸时，最好将它们放在干燥避光的地方。

在纸没有发明之前，人们在什么东西上写字、画画呢？

在古代，印度人会用一种叫作贝多罗植物的叶子作为写字的材料；欧洲人会在昂贵的羊皮上写字；而在我国，人们会把竹子当作书写材料，甚至在很早以前，人们还会把字符刻在龟甲和兽骨上呢！

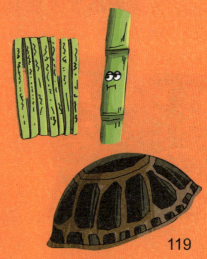

能不能让火车头显得不那么笨重呢？

火车刚刚出现在我们的生活中时，车头看起来特别笨重，居然重达好几吨呢！虽然后来经过无数次改进，但依然不能改变笨重的外形。这是怎么回事呢？

原来，火车能够安全、快速地行驶，存在着多方面的原因：一方面是由于车头里发动机产生的动力；另一方面是由于地面给火车提供了一个摩擦力，这个摩擦力才是使火车运动起来的关键因素。摩擦力是由接触面的粗糙程度和接触面上的压力决定的。

因此，如果火车头不像现在这样沉重，就意味着它的车轮给钢轨的压力变小，摩擦力也跟着减小了。如此一来，钢轨就没有"能力"给车轮提供足够的向前的推力使车厢前进。这时火车头就很有可能拉不动后面长长的车厢了。

120